DE LA

COMPÉTENCE

DU

CONSEIL DE PRÉFECTURE

EN MATIÈRE DE

POLICE DU ROULAGE ET DES MESSAGERIES PUBLIQUES

LOI DES 12-30 AVRIL ET 30 MAI 1851.

PAR

J. LEFEBVRE

LICENCIÉ EN DROIT
MEMBRE DU CONSEIL DE PRÉFECTURE DU NORD.

LILLE
IMPRIMERIE DE L. DANEL, GRAND'PLACE.
1854.

DE LA

COMPÉTENCE

DU

CONSEIL DE PRÉFECTURE

EN MATIÈRE DE

POLICE DU ROULAGE ET DES MESSAGERIES PUBLIQUES.

DE LA

COMPÉTENCE

DU

CONSEIL DE PRÉFECTURE

EN MATIÈRE DE

POLICE DU ROULAGE ET DES MESSAGERIES PUBLIQUES

LOI DES 12-30 AVRIL ET 30 MAI 1851.

PAR

J. LEFEBVRE

LICENCIÉ EN DROIT
MEMBRE DU CONSEIL DE PRÉFECTURE DU NORD.

LILLE
IMPRIMERIE DE L. DANEL, GRAND'PLACE.
1854.

LÉGISLATION ANTÉRIEURE A LA LOI DU 30 MAI 1851.

La conservation des routes a, de tout temps, éveillé la sollicitude de l'autorité et a été l'objet des constantes préoccupations du législateur. Si, cependant, la protection accordée n'a pas toujours été en rapport avec l'intérêt que méritent des choses qui appartiennent au do[illegible]ublic et qui sont d'une utilité si générale, on n'[illegible]s moins reconnaître, qu'à mesure que la civilis[illegible] avançait, des tentatives plus sérieuses et plus efficaces étaient faites pour assurer le bon entretien des voies de communication.

Un des premiers monuments qui viennent prouver le prix qu'on a toujours attaché à la conservation des chemins publics remonte au règne de Charles V. Dès le 1.er mars 1388, en effet, une Ordonnance est rendue qui assure la propreté des rues et l'entretien des pavés, ponts, passages de la vicomté de Paris.

Plus tard, en 1583, Henri III s'occupe du même objet et Henri IV, par les Edits et Ordonnances de 1594, 1600 et 1607, porte, pour la conservation des routes, de sages règlements dont on retrouve les principales dispositions presque toujours rappelées ou reproduites, par ses successeurs, dans leurs Edits et Ordonnances sur la même matière.

Cependant, jusqu'en 1718, soit que les routes fussent, avant cette époque, peu fréquentées, soit qu'on ne prît pas garde aux détériorations qu'une circulation non réglementée des voitures pouvait occasionner, on ne paraît pas s'être préoccupé de chercher le remède à cette cause de dégradations. Ce n'est qu'à partir de cette même année que les Règlements successifs des 23 mai 1718, 1.er avril et 27 juillet 1723, 14 novembre 1724, 8 juillet 1727, rappelés, plus tard, dans les Ordonnances des 30 avril 1772 et 2 août 1774, restreignent la liberté du roulage en interdisant d'atteler aux voitures à deux roues circulant sur les routes, plus de trois chevaux, en hiver;

plus de quatre, en été ; ou de les charger d'un poids supérieur à *trois milliers pesants.*

Ces règlements sont donc le point de départ de la législation en matière de police de roulage. Mais on ne perd plus de vue, dès lors, la nécessité d'assurer la conservation des chemins publics en prévenant les dégradations que la circulation des voitures peut y occasionner ; on tâche de se rendre compte des causes de ces dégradations, et, chaque fois qu'on vient à en reconnaître de nouvelles, des règlements prescrivent aussitôt les mesures propres à les atténuer, sinon à les prévenir.

Ainsi, l'Arrêt du Conseil du 28 décembre 1773 détermine la largeur des bandes des roues, mais ne laisse plus subsister la prohibition portée sur le nombre des chevaux, par les règlements antérieurs, que pour les voitures chez lesquelles la largeur des bandes des roues est inférieure à 14 centimètres.

En 1783, un Arrêt du Conseil, en date du 20 avril, rappelant les dispositions de la Déclaration de 1724, en prend de nouvelles dont l'expérience avait fait reconnaître la nécessité. Il limite le nombre des chevaux, fixe la forme des clous des bandes et prescrit la plaque indicative des nom et domicile du propriétaire de la voiture. Cet Arrêt de 1783 subsiste jusqu'à la Loi du 29 floréal an X.

Ayant spécialement en vue les dégradations dues à

l'excès de chargement, cette loi voulut les prévenir, en réglementant le poids des voitures d'après le nombre des roues et la largeur des jantes; mais, comme les instruments de pesage n'existaient pas et que la vérification des lettres de voiture pouvait seule, bien qu'imparfaitement toutefois, aider à constater les contraventions, les prescriptions en furent illusoires jusqu'au moment où la Loi du 7 ventôse an XII vint heureusement au secours des imperfections de celle du 29 floréal an X, par des dispositions transitoires qui, fixant la largeur des jantes suivant le nombre des chevaux de l'attelage, devaient durer jusqu'au moment où le gouvernement aurait pris, par un Règlement d'administration publique, les mesures propres à limiter, suivant l'expérience, le chargement des voitures.

Ce règlement, longtemps attendu, parut le 23 juin 1806. Il détermina le poids des voitures correspondant à chaque largeur de jantes, fixa le mode de pesage, la longueur des essieux, la forme des clous des bandes, la pénalité et la juridiction répressive qu'il attribua aux Conseils de Préfecture.

L'Ordonnance royale du 22 décembre 1816, établissant des barrières de dégel, et celle du 29 octobre 1828 fixant la longueur des moyeux, ajoutèrent encore aux attributions de ces tribunaux administratifs en matière de police de roulage.

Les dispositions générales du Décret de 1806 ne furent plus modifiées avant 1837 et 1844, époques auxquelles des ordonnances royales autorisèrent, dans de certaines limites, l'augmentation du poids de chargement des voitures, suivant la largeur des bandes.

Tel est l'état de la législation jusqu'à la Loi du 30 mai 1851.

On voit, par ce court exposé, quelle importance le gouvernement a, de tout temps, attachée à la bonne réglementation du roulage, et par combien de dispos[illegible]s il a, successivement, cherché à l'assurer. Le légi[illegible]teur moderne devait aussi s'occuper de cette intéressante question, souvent étudiée, jamais résolue, et si les principes qui avaient prédominé dans la législation antérieure n'ont pas été tous adoptés dans la loi nouvelle ; si, par exemple, pour le poids des chargements, le système restrictif a fait place à une liberté absolue, c'est que ce changement de système avait été reconnu nécessaire par une expérience de près de cinquante années.

PREMIÈRE PARTIE.

CHAPITRE PREMIER.

Principe de la compétence administrative en matière de police de roulage.

La compétence du Conseil de Préfecture, en matière de police de roulage, est, comme en matière de grande voirie, parfaitement justifiée par le caractère même de ce tribunal essentiellement chargé, dans l'intérêt de tous, de la protection et de la conservation du domaine public. C'est donc en se reportant à ce caractère qu'on distinguera, sans peine, les contraventions dont la connaissance doit lui être attribuée de celles dont il n'a pas à s'occuper, et que les difficultés d'appréciation seront résolues.

Ainsi, tous les faits dus à la circulation des voitures, qui, portant directement atteinte aux routes ou à leurs dépendances, auront un caractère réel, matériel, c'est-à-dire frapperont plutôt sur les choses que sur les personnes, seront de la compétence du Conseil de Préfecture. Tous ceux, au contraire, qui, constituant une violation des lois et règlements pris plutôt dans l'intérêt de la sûreté des voyageurs, de la rapidité et de la liberté des communications que dans celui de la conservation du domaine public, porteront préjudice plutôt aux personnes ou à l'ordre public qu'au matériel de la route, seront de la compétence des tribunaux ordinaires.

Si une juste application de ce principe est faite par la Loi du 30 mai 1851, quand elle attribue aux tribunaux administratifs la répression des dommages causés aux routes et à leurs dépendances et la connaissance des contraventions à la forme des bandes des roues, à la forme des clous des bandes, aux modes d'enrayage, aux mesures qui règlementent la circulation en temps de dégel et sur les ponts suspendus, il ne semble pas en être de même quand elle laisse encore à l'appréciation du Conseil de Préfecture les contraventions à la forme des moyeux, au maximum de la longueur des essieux et au maximum de leur saillie au-delà des moyeux, au nombre des chevaux de l'attelage, à la largeur du chargement, à la saillie des colliers ; le principe d'où découle directement la compétence de la juridiction administrative paraît alors avoir été complètement oublié, car on comprend, sans qu'il soit besoin de trop appuyer sur ce point, que ces dernières mesures ne sont justifiées que par un motif de police complètement étranger à la conservation des routes et qu'elles ne sont prises que pour assurer l'ordre public, la liberté, la rapidité et la sûreté de la circulation.

Qu'importe, en effet, au bon entretien des voies de communication, que les moyeux soient de telle forme plutôt que de telle autre, que les essieux soient plus ou moins longs, les colliers plus ou moins larges ; le matériel de la route ne s'en trouvera affecté ni en bien, ni en mal. Ces restrictions ne sont donc évidemment apportées à la liberté privée que dans l'intérêt de la liberté et de la sécurité de tous, parce que l'expérience a démontré que l'exagération dans ces différentes parties des voitures ou dans la manière dont celles-ci sont chargées devient une cause d'encombrement qui peut amener des accidents nombreux.

La loi de 1851, nous le répétons, ne semble donc pas s'être assez préoccupée du principe qui domine la matière dans cette division de juridiction, quand elle confie aux Conseils de Préfecture la connaissance et la répression de contraventions qui, naturellement, devraient ressortir au tribunal de police, puisqu'elles présentent ce caractère de personnalité qui, en matière de police de roulage, doit surtout distinguer les contraventions dont la répression est attribuée à ce tribunal.

Quoi qu'il en soit, l'art. 17, combiné avec les art. 2, 4 et 9, donne à la juridiction administrative, la connaissance des dispositions relatives :

Aux moyeux et aux essieux ;

Aux bandes des roues et aux clous destinés à les fixer ;

Au maximum du nombre des chevaux de l'attelage ;

A la circulation pendant le dégel ;

A la protection des ponts suspendus ;

A la largeur du chargement ;

A la saillie des colliers ;

Aux modes d'enrayage ;

Aux dommages causés par les voitures aux routes ou à leurs dépendances.

La connaissance des autres contraventions est attribuée aux tribunaux ordinaires, soit correctionnels, soit de simple police.

CHAPITRE DEUXIÈME.

Conditions générales de la circulation des voitures.

La législation actuelle apporte plusieurs modifications à la législation qu'elle remplace.

Les plus importantes nous paraissent être celles qui étendent les attributions des Conseils de Préfecture, en ce qui concerne les chemins vicinaux de grande communication, et celles qui, faisant abandonner le système restrictif, seul prédominant jusqu'alors, proclament une liberté absolue dans le poids des voitures de roulage.

Jusqu'à cette loi nouvelle, en effet, le Conseil de Préfecture n'était compétent, en matière de chemins vicinaux de grande communication, comme en matière de chemins vicinaux ordinaires, que pour connaître des contraventions qui constituaient des anticipations ou des plantations faites, sans autorisation, sur le sol de ces chemins. Il le devient maintenant, par l'assimilation, quant à la police du roulage, des chemins de grande communication aux routes impériales et départementales, pour réprimer de nouvelles contraventions qui pourraient porter atteinte à leur bonne viabilité et apporter ainsi à ces voies de communication, une protection suffisamment justifiée par la multiplicité des transports auxquels elles servent depuis longtemps, aussi bien que par le peu de ressources dont généralement elles disposent et par l'intérêt de conservation qui doit, dès-lors, s'y attacher.

L'autre dérogation consiste dans l'abandon du système restrictif, quant au poids des voitures, et à la largeur des jantes.

Persuadée que la détérioration des routes provient plutôt de la fréquence du passage que du poids des voitures ou de la largeur des jantes, l'Assemblée nationale, de 1851, proclame l'affranchissement absolu du roulage, sous ce rapport (art. 1).

CHAPITRE TROISIÈME.

Prescriptions communes à toutes les voitures.

Parmi les contraventions dont la Loi du 30 mai 1851 attribue la connaissance au tribunal administratif, les unes peuvent s'appliquer à toute espèce de voiture soit de roulage, soit de messageries, c'est-à-dire à toute voiture suspendue ou non suspendue, destinée au transport, soit des personnes, soit des choses, sans même en excepter les voitures des particuliers ni celles spécialement employées au service de l'État, représenté par les administrations des postes, de la guerre ou de la marine. (Art. 2.)

Les autres, au contraire, ne s'appliquent qu'aux voitures de roulage proprement dites; c'est-à-dire à celles qui ne servent pas au transport des personnes, mais à celui de choses quelconques, sauf, cependant, certaines exceptions, quand il s'agit de transports agricoles.

Nous nous occuperons d'abord des prescriptions qui atteignent toutes les voitures.

§ I.er

Forme des moyeux.

La loi dont nous faisons connaître les dispositions a laissé à un Règlement d'administration publique le soin de prescrire certaines mesures nécessaires à son exécution. Le Décret réglementaire du 10 août 1852 ne contient, cependant, aucune indication sur la forme des moyeux des roues.

La plus grande latitude est donc laissée pour la confection de cette partie de la voiture, mais, seulement, en ce qui concerne la surface extérieure du moyeu qui peut être lisse ou présenter des arêtes. Le mot *forme*, en effet, ne doit pas être pris ici dans un sens trop absolu, car, s'il en était ainsi, l'on arriverait à conclure que le décret réglementaire, en limitant, comme il l'a fait, la saillie des moyeux au-delà du plan passant par les bords extérieurs des bandes, aurait déterminé un objet qu'il n'avait pas mission de régler et, dès lors, outrepassé son pouvoir.

Ce qu'il faut entendre par forme, c'est la saillie elle-même du moyeu, c'est-à-dire la forme plus ou moins allongée. Peut-être eût-il été préférable qu'un autre terme eût été choisi, mais, quoi qu'il en soit, celui employé par le législateur offre assez d'élasticité pour que le Décret du 10 août ait pu déterminer le maximum de saillie des moyeux et, dès lors, en limitant cette saillie, y compris celle de l'essieu, à 12 *centimètres* au-delà du plan passant par les bords extérieurs des bandes et, en accordant une tolérance de 2 *centimètres* pour les roues qui ont fait un certain service, il n'est pas allé au-delà de ce qu'il avait mission de régler (art. 2).

---

§ II.

Maximum de la longueur des essieux et maximun de leur saillie au-delà des moyeux.

Rien n'a été changé, en ce qui concerne la longueur maximum des essieux, aux prescriptions du Décret de 1806. Cette longueur maximum reste fixée à 2^{m} 50, chaque extrémité ne pouvant saillir de plus de 6 *centimètres* au-delà des moyeux.

Cette détermination de la longueur totale de l'essieu est justifiée par l'expérience. Elle satisfait aux besoins de l'industrie et du commerce et sera suffisante pour permettre de varier la largeur de la voie suivant la nature des objets transportés (art. 2).

§ III.

Forme des bandes des roues.

Si le Règlement d'administration publique a, peut-être, pris l'expression *forme des moyeux*, dans un sens trop étendu, quand il en a déterminé la saillie, il oublie complètement de régler un objet important, la forme des bandes des roues, que la Loi de ventôse an XII avait eu le soin de fixer. Et, cependant, la forme de cette partie de la roue peut influer directement sur la conservation des routes, car une bande conique, anguleuse, plus ou moins étroite, doit plus facilement déchausser et déplacer les pierres dont est formée la voie, qu'une bande dont la largeur plane et suffisante s'appuierait, en même temps, sur une plus grande surface.

Cet oubli est regrettable. Cette non réglementation peut être, pour les routes, une cause fréquente de dégradations, mais, dans l'état actuel de la législation, la plus grande latitude est laissée pour la forme comme pour la largeur qu'affectera cette partie de la roue (art. 2).

§ IV.

Forme des clous des bandes.

Si les bandes des roues peuvent affecter telle forme qu'on voudra et avoir une largeur indéterminée, les clous destinés à les fixer ne peuvent, en aucun cas, présenter, quand ils sont neufs, une saillie de plus de *cinq millimètres*. Ils doivent être rivés à plat et leur partie supérieure ou tête ne peut être taillée en diamant (art. 2).

---

§ V.

Maximum du nombre des chevaux de l'attelage que peut comporter la police ou la libre circulation des routes.

Ainsi que nous l'avons dit plus haut, les restrictions apportées par ce paragraphe puisent leur raison d'être, plutôt dans l'intérêt de la police et de la libre circulation des routes, que dans celui de la conservation du domaine public. Le texte même de la loi et le rapport de la commission chargée d'en examiner le projet en fournissent la preuve la plus complète. C'est donc à tort, ce nous semble, et contrairement au principe que déjà nous avons exposé sur le caractère qui doit distinguer les contraventions soumises aux tribunaux de police de celles dont la connaissance est attribuée aux Conseils de Préfecture, qu'on a laissé à ces derniers l'appréciation des contraventions de cette nature.

En la donnant au tribunal administratif, le législateur semble n'avoir pu se soustraire complètement à l'idée que la liberté absolue, en fait de poids de chargement, était proclamée. Il paraît avoir regretté cette concession et s'être préoccupé du moyen d'y apporter une limite indirecte. Pensant que l'intérêt du propriétaire de la voiture lui serait une garantie et que le poids du chargement serait toujours, dès lors, proportionné à la force de traction, il a limité cette force de traction, mais, par cela même, et indirectement, il a limité le poids du chargement.

Cette force de traction, cependant, ne peut être absolue ; elle est essentiellement variable, suivant l'espèce d'animaux qui la produisent. Limiter ainsi le poids du chargement par le nombre des chevaux de l'attelage, n'est-ce donc pas favoriser, dans un même pays, les contrées où les races sont fortes et puissantes, au détriment de celles où les races sont légères et petites ?

Mais ces considérations n'ont pas prévalu, et défense est faite d'atteler aux voitures servant au transport des marchandises plus de *cinq chevaux* si elles sont à *deux roues*, plus de *huit* si elles sont à *quatre roues*, sans, néanmoins, qu'il puisse y avoir plus de *cinq chevaux de file*. Quant aux voitures qui servent au transport des personnes, elles ne peuvent avoir plus de *trois chevaux* quand elles sont à *deux roues*, plus de *six* quand elles sont à *quatre roues* (art. 2).

Les chiffres respectivement adoptés pour maximum du nombre des chevaux de l'attelage étaient indiqués par l'usage. Ils ne restreignent en rien la liberté du roulage, dans les circonstances ordinaires, c'est-à-dire pendant la belle saison, sur les routes qui n'offrent pas une déclivité trop grande et pour les objets qui composent, généralement, le chargement des voitures. Ils ne la restreindront pas non plus dans les circonstances extraordinaires, par exemple lorsqu'il s'agira, soit du transport d'objets indivisibles, soit de la circulation sur des routes affectées de rampes d'une grande déclivité, car le législateur a pris soin d'autoriser, pour les cas que nous avons signalés, soit une augmentation dans le nombre des chevaux de l'attelage, soit même la suspension complète de ces mesures prohibitives en temps de neige ou de verglas, permettant ainsi de proportionner la force à la difficulté de la traction, sans toutefois qu'on puisse modifier le mode d'attelage en attelant plus de *cinq chevaux de file.* Cette dernière restriction s'appliquant aussi bien aux voitures servant au transport des personnes qu'à celles ne servant qu'au transport des marchandises, car elle n'est prise que dans un intérêt de police et d'ordre public.

S'il s'agit de transporter des blocs de pierre, des locomotives ou d'autres objets indivisibles d'un poids considérable, employés si généralement dans l'industrie moderne, le Préfet du département traversé est juge de la nécessité d'un attelage exceptionnel. Sur l'avis des Ingénieurs des ponts et chaussées, quand il s'agira de routes impériales et départementales, sur celui des Agents-voyers, quand il s'agira de chemins vicinaux de grande communication, il donnera ou refusera l'autorisation sollicitée, suivant qu'il se rencontrera ou non sur l'itinéraire, dont connaissance sera donnée aux agents ci-dessus spécifiés, des ouvrages dont la solidité pourrait être compromise par le passage d'un objet, d'un volume ou d'un poids considérable.

Les prescriptions limitatives du nombre des chevaux de l'attelage ne sont pas non plus applicables sur les parties de routes ou de chemins vicinaux de grande communication affectées de rampes d'une déclivité ou d'une longueur exceptionnelle, ou lorsque, par suite de travaux de réparation ou d'autres circonstances accidentelles, cette mesure est jugée nécessaire par l'administration. Mais ce minimum de déclivité au-dessus duquel peut être autorisé l'emploi de chevaux de renfort, ne devait pas être fixé par une disposition réglementaire générale et absolue; l'autorité locale peut seule, en effet, en apprécier la nécessité, suivant le plus ou moins de pente de la route et suivant son état de viabilité, mis en regard de la force des animaux composant ordinairement les attelages du pays.

Les parties des routes ou des chemins vicinaux de grande communication sur lesquelles l'emploi de chevaux de renfort est autorisé, sont donc désignées par un arrêté du Préfet, pris sur la proposition de l'Ingénieur en chef ou de l'Agent-voyer du département, et indiquées, sur place, par des poteaux posés à chaque extrémité de ces parties de routes et portant cette inscription : *chevaux de renfort.* Les voitures qui, transportant soit des personnes, soit des marchandises, marchent avec des relais réguliers peuvent, cependant, conserver leurs chevaux de renfort pendant toute la durée des relais dans lesquels sont placés ces poteaux.

La prohibition d'atteler aux voitures, sauf les cas ci-dessus indiqués, un nombre de chevaux supérieur au maximum déterminé par l'article 3 du Règlement d'administration publique, s'applique à tous les animaux de trait autres que le cheval, alors même que les forces réunies de l'attelage seraient inférieures à celles que produirait le nombre de chevaux déterminé par le même article. L'ancienne législation, par cela même qu'elle avait pour principe la limitation du poids des voitures, permettait de faire une distinction dans l'appréciation des attelages, et la jurisprudence, tenant compte de la force des animaux employés à la traction des voitures, laissait dépasser le nombre fixé lorsque les forces réunies de l'attelage étaient inférieures à celle qu'aurait produite le nombre de chevaux autorisé. Il ne peut plus en être ainsi aujourd'hui. La limitation du nombre des chevaux n'est apportée, ainsi qu'il ressort du § 5 de l'art. 2 de la Loi du 30 mai, que dans l'intérêt de la police et de la libre circulation des routes et non pour restreindre le poids des chargements. Dès-lors, plus d'appréciation à faire de la force de l'attelage, mais seulement du nombre d'animaux employés, quelle qu'en soit l'espèce. Que ce soient des bœufs, des mulets, des ânes, des chevaux, le nombre n'en pourra dépasser le chiffre que nous avons indiqué plus haut que là où l'arrêté préfectoral l'aura autorisé en vue des difficultés de la route.

———

§ VI.

Circulation pendant les jours de dégel.

La libre circulation des voitures sur les routes impériales et départementales ainsi que sur les chemins vicinaux de grande communication, que ces voies diverses soient pavées ou empierrées, est soumise, en temps de dégel, à des restrictions commandées par un légitime intérêt de conservation du domaine public.

La désignation des routes impériales et départementales sur lesquelles ces restrictions peuvent être établies, sous forme de barrières destinées à arrêter la circulation, est faite par le Ministre des Travaux publics ; celle des chemins vicinaux de grande communication est laissée aux Préfets. Une fois établies, ces barrières sont ouvertes ou fermées par les Sous-Préfets, en vertu d'arrêtés pris sur l'avis de l'Ingénieur des ponts et chaussées ou de l'Agent-voyer de l'arrondissement, selon qu'il s'agit de routes impériales et départementales ou de chemins vicinaux de grande communication. Ces arrêtés sont affichés et publiés à la diligence des Maires.

En principe général, la fermeture des barrières, quand les circonstances l'exigent, arrête toute circulation. Mais des exceptions sont faites, cependant, en faveur des voitures qu'un service public général oblige à une circulation non interrompue, comme celles des courriers de la malle, et en faveur encore des voitures qui, par leur légèreté, ne peuvent causer de dommages aux routes, telles, par exemple, que celles de voyage, suspendues et étrangères à toute espèce d'entreprise de messageries, celles non chargées et celles mêmes qui, bien que chargées, ne sont, sur les *chaussées pavées*, attelées que *d'un seul cheval*, si elles sont à *deux roues*, et de *deux* si elles sont à *quatre roues*, et, sur les *routes empierrées*, de *deux chevaux* si elles n'ont que *deux roues*, et de *trois* si elles en ont *quatre*. Nouvelle dérogation indirecte au principe qui proclame la liberté illimitée quant au poids des chargements, mais justifiée du moins, ce nous semble, par la nécessité d'apporter, dans un intérêt général et par suite du peu de résistance qu'elles peuvent présenter en temps de dégel, une protection toute spéciale aux voies de communication (Art. 2).

Les voitures qui ne rentrent pas dans les exceptions que nous venons de signaler et qui, pendant leur marche, se trouvent surprises par la fermeture des barrières de dégel, doivent aussitôt se munir d'un *laissez-passer* du Maire de la commune sur le territoire de laquelle elles se trouvent, afin de n'être pas inquiétées jusqu'au gite le plus voisin, où elles seront tenues d'attendre l'ouverture de ces mêmes barrières.

Ce jour-là et le jour suivant, un quart-d'heure d'intervalle doit être laissé entre le départ des voitures, qui ne peuvent reprendre leur route plus de deux à la fois, et ce, dans l'ordre suivant lequel elles sont arrivées dans la commune. Les Maires sont spécialement chargés de faire exécuter ces prescriptions.

On voit que les dispositions de l'Ordonnance du 23 décembre 1816 se trouvent rappelées dans la nouvelle législation. Cette dernière, cependant, en contient de nouvelles qui étendent aux chaussées empierrées et aux chemins de grande communication cette protection que l'on ne rencontrait pas dans l'Ordonnance de 1816. Cette assimilation des chemins vicinaux de grande communication aux routes impériales et départementales, en ce qui concerne la police du roulage, s'explique et se justifie suffisamment, comme nous l'avons déjà dit, par l'importance qu'ont prise dans notre système de vicinalité ces voies de communication, importance qui n'est pas en rapport avec les ressources dont elles disposent et dont il était juste et urgent, dès-lors, de tenir compte dans l'application de ces sages mesures de conservation.

§ VII.

Protection des ponts suspendus.

Les précautions à prendre, pendant la traversée des ponts suspendus, avaient déjà, le 19 septembre 1851, et en attendant le Règlement d'administration publique à intervenir en vertu de l'art. 2 de la nouvelle loi sur la police du roulage, été provisoirement déterminées par une instruction ministérielle.

Laisser une liberté illimitée au poids des chargements pouvait ne pas être sans dangers pour la conservation de ces ouvrages ; d'un autre côté, déterminer un maximum de poids était une dérogation trop évidente au principe de liberté consacré par la loi nouvelle : il y avait donc lieu de chercher à concilier ces deux systèmes contraires.

Le Règlement d'administration publique a parfaitement résolu cette difficulté.

Pour les ponts qui offriront toute garantie de solidité, pas de réglementation de chargement : il suffira que, pendant la traversée, les chevaux soient mis au pas, que les conducteurs tiennent les guides ou restent sur leur siége, qu'aucun cheval ne soit dételé pendant le passage du pont, qu'aucune voiture attelée de plus de cinq chevaux ne s'engage sur le tablier d'une travée alors qu'il y a déjà sur cette travée, une voiture d'un attelage supérieur à ce même nombre de chevaux.

Pour les ponts, au contraire, que ces précautions générales ne protégeraient pas suffisamment, l'Administration départementale, les Maires mêmes, dans les circonstances urgentes, pourront prendre toutes les autres dispositions qui seraient jugées nécessaires ; telles, par exemple, que la limitation du volume, pour les objets dont on connait le rapport du poids au volume ; nouvelle dérogation indirecte, au principe de la liberté absolue du poids des chargements mais nécessitée, comme celles que nous avons déjà fait remarquer, par l'intérêt général de la sécurité du passage. (Art. 2.)

CHAPITRE QUATRIÈME.

Prescriptions relatives aux voitures qui ne servent pas au transport des personnes.

Nous avons déjà dit que, parmi les prescriptions de la Loi du 30 mai, les unes s'appliquent à toutes les voitures, qu'elles soient destinées au transport des personnes ou à celui des choses, et les autres aux voitures de roulage proprement dites, c'est-à-dire, à celles qui ne servent pas au transport des personnes. C'est de ces dernières seules qu'il nous reste à nous occuper.

---

§ I.er

Largeur du chargement.

La largeur exagérée du chargement des voitures peut offrir, pour la circulation, des dangers que la loi devait chercher à prévenir. Il était donc juste, afin d'éviter les chocs entre les voitures qui circulent sur les routes et, par suite, l'encombrement de celles-ci, qu'un maximum de largeur fût fixé, et il était rationnel que ce maximum fût celui adopté pour la longueur de l'essieu. La largeur maximum que pourra présenter un chargement sera donc de 2m 50, et toutes les voitures ne servant pas au transport des personnes seront soumises à cette réglementation. Il n'est fait d'exception qu'en faveur des voitures de l'agriculture, alors qu'elles sont employées à transporter des récoltes, de la ferme aux champs et des champs à la ferme, ou au marché. (Art. 2.)

Cette qualification de « voitures de l'agriculture » par laquelle on a ainsi désigné celles qui sont exemptées de la réglementation de la largeur du chargement, ne semble pas bien exacte. Elle paraît, en effet, supposer une distinction, soit d'usage, soit de construction, entre les voitures servant aux transports ordinaires du roulage et celles qui sont spécialement affectées à l'agriculture. Cette distinction qui pouvait exister sous l'empire de l'ancienne législation, alors, par exemple, que ces dernières étaient exceptées des dispositions de la Loi du 7 ventôse an XII, fixant la largeur des jantes, n'existe plus aujourd'hui, car, dans la législation actuelle, les voitures de l'agriculture, lorsqu'elles empruntent une route impériale, départementale ou vicinale de grande communication, sont soumises à la règle commune, qu'elles transportent ou non des objets agricoles.

Il n'y a donc pas de voitures d'agriculture proprement dites, et ce n'est pas, dès-lors, le mode de transport qu'il faut considérer, mais seulement l'objet transporté et le but du voyage, pour savoir si l'exception doit être appliquée.

Le législateur a voulu, par ces dispositions, favoriser l'agriculture, et c'est, parce que telle a été son intention, que nous pensons devoir étendre le bénéfice de cette exception, non-seulement aux voitures effectuant des transports de récoltes de la ferme aux champs et des champs à la ferme ou au marché, mais encore, à celles qui portent directement les produits des champs de la ferme au marché. La rédaction de l'art. 2 nous semble pouvoir comporter cette interprétation.

De même que, lorsqu'il s'agit de transporter des objets indivisibles, d'un poids considérable, un attelage exceptionnel peut être autorisé, de même, lorsqu'il s'agit d'un objet de grand volume qui ne constituerait pas un transport de récoltes fait dans les circonstances que nous venons d'indiquer, le Préfet du département traversé a la faculté, si cet objet ne peut être chargé dans les conditions réglementaires de la largeur du chargement, d'en autoriser la circulation, dans les formes et après l'instruction que nous avons déjà fait connaître, lorsque nous nous sommes occupé de l'attelage exceptionnel nécessité par le transport d'objets indivisibles d'un grand poids.

Toutes ces prescriptions ne se rapportent qu'à la largeur du chargement; aucune n'en détermine le maximum de longueur, et cependant, l'exagération de la longueur d'un chargement peut aussi être une cause fréquente d'accidents. Il serait désirable que, dans l'intérêt de la sûreté des communications, des règlements préfectoraux pris en vertu du Décret du 22 décembre 1789, — janvier 1790, réparassent ce regrettable oubli. (1)

---

§ II.

Saillie des colliers.

La saillie des colliers pouvait être, comme la largeur exagérée du chargement ou la longueur de l'essieu, une cause fréquente d'accidents qu'il était utile de prévenir pour assurer une circulation facile sur les routes.

---

(1) Voir page 38.

De même que la largeur maximum du chargement ne devait pas dépasser la longueur de l'essieu, de même la largeur totale du collier devait être en rapport avec celle du chargement et de l'essieu. C'est donc avec raison que le législateur l'a fixée à *quatre-vingt-dix centimètres* mesurés entre les points les plus saillants des parties supérieures et latérales dans lesquelles sont passés les guides, car si l'on suppose un intervalle de soixante-dix centimètres entre chaque cheval, dans les attelages où deux chevaux sont placés de front, la largeur de 2m 50 ne sera pas dépassée. Un délai de deux ans, à partir de la promulgation du Décret réglementaire du 10 août 1852, est, du reste, accordé pour l'exécution de ces prescriptions.

Les causes d'accidents diminueront certainement, sur les routes, par suite de la limitation de la largeur du chargement, de la longueur de l'essieu et de la saillie des colliers, mais, ces utiles prescriptions ne seront pas suffisantes. Dans beaucoup de cas, en effet, non prévus par la Loi du 30 mai 1851, la largeur maximum de 2m 50, regardée, avec juste raison, comme satisfaisant à la fois aux besoins du roulage et à la sécurité des transports, en même temps que proportionnée à la largeur moyenne des routes, sera dépassée lorsque, par exemple, trois chevaux seront attelés de front, et tant que la largeur immodérée de certaines parties du train des voitures auxquelles on attache les traits, ne sera pas, comme la saillie des colliers, l'objet de mesures restrictives. Le législateur n'a pas prévu ces cas différents qu'il eût pu renfermer dans une désignation générale, en remplaçant le terme : *saillie des colliers*, par une expression qui aurait tout compris, celle par exemple de : *largeur de l'attelage*, ou toute autre équivalente.

L'esprit général de la loi nouvelle est de restreindre à 2m 50 la largeur totale de la place qu'une voiture peut occuper sur une route, mais ce but n'est pas atteint, et les prescriptions relatives à la largeur du chargement et à la longueur des essieux deviennent inutiles, si l'attelage peut impunément offrir une plus grande largeur que la voiture elle-même. Il sera bien difficile, cependant, de prévenir ce résultat, en présence des termes de la loi, car, il est de principe, que les dispositions pénales ne doivent pas être étendues au-delà des cas qu'elles prévoient. Il existe néanmoins, croyons-nous, un moyen d'arriver à limiter la largeur de l'attelage aussi bien que celle des colliers.

Le Décret du 22 décembre 1789 — janvier 1790, section III, art. 2, donne aux administrateurs de département, aujourd'hui les Préfets, la faculté de prendre des arrêtés, pour maintenir la liberté et la sécurité des communications, en même temps que pour assurer la conservation des chemins et autres choses communes. Un arrêté du Préfet qui limiterait d'une manière générale la largeur des attelages à 2m 50, en même temps qu'il fixerait, comme nous l'avons dit plus haut, (page 36) un maximum de longueur du chargement, serait pris, dans la limite de compétence de ce fonctionnaire (1); l'administration n'excèderait pas ses pouvoirs, mais les contraventions à un arrêté de ce genre ne tomberaient plus sous la juridiction des Conseils de Préfecture. L'art. 470 du Code pénal leur serait applicable et les tribunaux de police seraient, dès-lors, seuls compétents pour en connaître.

---

§ III.

Modes d'enrayage.

Le Règlement d'administration publique auquel la loi avait laissé le soin de déterminer les modes d'enrayage, ne contient rien qui ait rapport à cette disposition.

Cette absence de réglementation est regrettable, mais

---

(1) Conseil d'Etat, 22 février 1838. (Ministre des Travaux publics).

en l'état, pleine liberté est laissée dans le choix des moyens à employer pourvu toutefois qu'ils ne fassent éprouver à la route où à ses dépendances aucun dommage matériel, car les dispositions du chapitre suivant seraient alors applicables et aussi longtemps qu'ils n'auront pas fait l'objet de mesures de police prises par les Préfets ou par les Maires ; mais, dans ce cas, la juridiction répressive passerait du Conseil de Préfecture au tribunal de police.

CHAPITRE CINQUIÈME.

§ I.er

Dommages causés par les voitures aux routes ou à leurs dépendances.

La prévoyance du législateur ne s'est pas bornée à prendre les mesures préventives dont nous venons de faire l'exposé, dans les chapitres précédents, pour assurer la conservation des routes aussi bien que la liberté des communications. Elle a voulu, de plus, généraliser en quelque sorte, ces dispositions protectrices, en décidant que, lorsque par la faute, la négligence ou l'imprudence du conducteur, une voiture aurait causé un dommage quelconque à une route ou à ses dépendances, le conducteur serait condamné à une amende et à la réparation du dommage. (Art. 9.)

Cette disposition nouvelle vient modifier, mais seulement en ce qui concerne ce genre de dégradations, l'état actuel de la législation.

La Loi du 29 floréal an X, qui a confié à la juridiction administrative la répression des dégradations aux routes, n'ayant qu'un but, celui de rendre le Conseil de Préfecture tribunal protecteur et conservateur du domaine public, et n'étant dès lors qu'une loi attributive de juridiction, avait, en donnant à ce tribunal la connaissance des détériorations de tout genre, omis de fixer une pénalité. Il s'ensuivait que la jurisprudence, d'accord avec la loi, faisait une distinction et ne laissait aux Conseils de Préfecture que la connaissance de celles de ces détériorations qui étaient spécialement prévues par les anciens Arrêts ou Règlements, comme ceux du 4 août 1731 et 27 février 1765. Quant aux dégradations autres que celles prévues par ces mêmes arrêts, elles tombaient sous l'application de l'art. 479 du Code pénal, portant que ceux qui auraient dégradé ou détérioré d'une manière quelconque les chemins publics seraient punis d'une amende de 11 à 15 francs, et le tribunal de police était, par suite, seul compétent pour en connaître.

La loi nouvelle, sans faire cesser complètement cet état de choses, agrandit le cercle de la compétence du tribunal administratif; elle ajoute aux contraventions nées de détériorations prévues par les anciens règlements, celles dues à un fait de roulage, et les rend justiciables du Conseil de Préfecture, ne laissant plus aux tribunaux de police que la connaissance des dégradations dues à d'autres causes que celles que nous venons d'indiquer.

Les dépendances des routes sont, comme les routes elles-mêmes, protégées par cette disposition. Ce qui peut constituer les dépendances d'une route sont les arbres ou les haies qui la bordent et qui appartiennent à l'État, les trottoirs, fossés, bornes, clôtures, ouvrages d'art qui sont partie accessoire de la route et même les matériaux destinés à son entretien ou à sa confection, tels que sables, grès, etc., non encore employés, mais déposés, en attendant qu'ils le soient, sur la route dont ils deviennent partie intégrante par suite de l'usage auquel on les destine.

La réparation du dommage causé ne peut consister que dans le paiement d'une somme d'argent proportionnée à la dégradation causée. (Art. 9.)

Ces dommages, ainsi que la somme que le Conseil doit allouer à l'État à titre de réparation, doivent être constatés et arbitrés, sur les routes impériales et départementales par les ingénieurs, les conducteurs et les agents des ponts-et-chaussés commissionnés spécialement à cet effet, et sur les chemins vicinaux de grande communication, par les agents-voyers.

---

§ II.

Dépôt et stationnement des voitures.

Nous venons de passer en revue toutes les contraventions à la police du roulage dont la Loi du 30 mai 1851 a laissé l'appréciation au Conseil de Préfecture. Celles dont nous n'avons rien dit sont de la compétence des tribunaux ordinaires, soit correctionnels, soit de simple police. Parmi ces dernières, il en est cependant dont l'analogie avec une de celles prévues par les anciennes ordonnances et réprimées par le tribunal administratif, est trop évidente pour que nous n'en disions pas quelques mots.

Jusqu'ici, la prohibition portée par l'Ordonnance du 4 août 1731, de créer aucun empêchement au passage public, s'appliquait au fait de stationnement, sans nécessité et sans autorisation, d'une voiture sur une route. Ce fait était rangé parmi les contraventions de grande voirie et, comme tel, relevait du Conseil de Préfecture, car aucune difficulté ne s'était jamais élevée sur le droit donné à ce tribunal de considérer ce stationnement comme un véritable dépôt compris dans les termes de l'Ordonnance « *et autres empêchements au passage public.* »

La jurisprudence du Conseil d'État avait adopté cette interprétation (1).

Mais, peut-il en être de même aujourd'hui que l'art. 10 du règlement d'Administration publique et l'art. 2 de la loi nouvelle interdisent, en termes exprès, tout stationnement sans nécessité, sur la voie publique, de voitures attelées, ou non attelées, et le Conseil de Préfecture doit-il encore, sur les routes qui dépendent de la grande voirie, c'est-à-dire seulement sur les routes impériales et départementales, car il ne le peut sur les chemins vicinaux de grande communication, être appelé, dans certains cas, à prononcer sur cette contravention.

Nous n'hésitons pas à répondre affirmativement, car le fait peut, suivant les circonstances, présenter des caractères bien distincts, et, selon ces caractères, constituer, tantôt un simple stationnement relevant de la juridiction ordinaire, tantôt un véritable dépôt relevant de la juridiction administrative: un stationnement, quand il n'aura duré que pendant un temps peu considérable, soit par exemple, pour laisser reposer l'attelage, soit pour procéder au chargement ou au déchargement de la voiture, et que, par suite, il ne sera véritablement qu'un simple

(1) Conseil d'État, 2 août 1851. (Pourteyron.)

arrêt dans la marche ; un dépôt, quand loin d'offrir ce caractère d'instantanéité, qui est le propre du stationnement, il aura duré un temps suffisamment long, comme tout un jour, toute une nuit, pour faire considérer la voiture comme un objet abandonné.

On comprend combien il sera souvent difficile de faire cette distinction et d'apprécier le moment où cesse le simple stationnement et où commence le dépôt, mais cette appréciation, cependant, devra être faite par le tribunal quel qu'il soit, administratif ou de police, auquel le fait aura été déféré, afin que ce tribunal puisse, s'il y a lieu, en décliner la compétence.

DEUXIÈME PARTIE.

PROCÉDURE.

CHAPITRE PREMIER.

§ I.er

Constatation des contraventions.

Il est deux catégories de personnes auxquelles la loi donne le droit de constater les contraventions à la police du roulage.

Dans l'une sont rangés les agents que la nature de leurs fonctions spéciales désigne comme devant être particulièrement chargés de ce soin.

Ces agents sont, les Conducteurs, Agents-voyers, Cantonniers-chefs et autres employés du service des ponts-et-chaussées ou des chemins vicinaux de grande communication, commissionnés à cet effet, c'est à dire, choisis par l'autorité départementale dont ils tiennent leurs pouvoirs ;

Les Gardes-champêtres ;

Les Gendarmes ;

Les Employés des contributions indirectes, des forêts et des douanes, des poids et mesures et des octrois ayant droit de verbaliser, c'est à dire, ayant prêté serment en justice.

L'autre catégorie n'est composée que de fonctionnaires publics d'un rang supérieur, que la nature de leurs fonctions peut éloigner de la surveillance des routes, mais à qui, cependant, il était nécessaire, dans l'intérêt de la conservation et de la sécurité des voies de communication, de donner, le cas échéant, le pouvoir de constater les contraventions. Dans cette catégorie sont placés :

Les Maires,

Les Adjoints,

Les Commissaires et agents assermentés de police,

Les Ingénieurs des ponts-et-chaussées,

Les Officiers et sous-officiers de gendarmerie, et généralement les agents commissionnés par l'autorité départementale pour la surveillance de l'entretien des routes (art. 15).

Chacune des personnes désignées ci-dessus, quelle que soit la catégorie à laquelle elle appartienne, a le droit de constater, soit les contraventions aux dispositions que nous avons fait connaître, dans la première partie de ce travail, soit le fait même de dégradations. Mais, comme nous l'avons déjà dit, aux Ingénieurs, Conducteurs et employés des ponts-et-chaussés, pour les routes impériales et départementales, et aux Agents-voyers, pour les chemins vicinaux de grande communication, est exclusivement réservé le droit d'évaluer le dommage que la dégradation peut avoir causé ; les études et les fonctions spéciales de chacun de ces agents les mettant à même, mieux que qui que ce soit, d'en faire une équitable appréciation.

Ceux qui sont chargés de veiller au maintien des prescriptions de la loi doivent, s'ils pensent qu'une voiture circulant sur une route est en contravention, procéder immédiatement à la vérification du fait qu'ils soupçonnent et dresser, s'il y a lieu, procès-verbal du résultat constaté. Il n'est admis d'exception qu'en faveur des voitures publiques marchant au trot, pour lesquelles, dans l'intérêt de la rapidité des communications, la constatation des contraventions ne peut se faire qu'au lieu de départ, d'arrivée, de relais ou de station de ces voitures (art. 16).

Suit-il de tout ce que nous venons de dire jusqu'ici, qu'il faille nécessairement que le redacteur du procès-verbal ait vu les faits qu'il y consigne, et ne peut-il pas suffire, pour que cet acte motive une condamnation, que l'agent constate simplement que les faits lui ont été rapportés sans qu'il les ait vus lui-même,

Nous admettons volontiers, comme la jurisprudence du Conseil d'Etat (1), qu'il en doive être ainsi, et nous pensons qu'un procès-verbal dressé sur renseignements, peut, tout aussi bien qu'un procès-verbal dressé *de visu*, donner lieu à condamnation, pourvu, toutefois, que l'auteur de la contravention s'en reconnaisse coupable ou soit convaincu par l'instruction. La loi nouvelle sur la police du roulage, n'a, en effet, rien innové sous ce rapport et, comme en matière de grande voirie, les dispositions de l'article 154 du Code d'instruction criminelle, portant que les contraventions pourront être prouvées soit par procès-verbaux ou rapports, soit par témoins, à défaut de rapports et de procès-verbaux, ou à leur appui, doivent donc toujours former la règle. Il ne pourrait en être autrement que si la loi du 30 mai 1851 faisait expressément, de l'existence même de procès-verbaux, la condition nécessaire de la répression. Mais il n'en est pas ainsi. Le Conseil de Préfecture, s'il trouve les pièces ou

---

(1) Conseil d'État, 13 avril 1853. (Lacaze.)
Id. id. id. (Rousselet.)

les renseignements produits insuffisants, peut entendre, s'il le juge convenable, les parties intéressées, soit en personne, soit par fondés de pouvoirs ou par écrit, et, dès-lors, du moment que la contravention est prouvée ou avouée, elle doit être réprimée par l'application de la peine prononcée par la loi.

Mais dans quel délai cette constatation des contraventions doit-elle être faite pour valoir devant le Conseil de Préfecture ? La loi sur la police du roulage, non plus que celles sur la grande voirie ne l'ont réglé. Nous devons donc, en l'absence de dispositions spéciales, puiser dans les règles générales du droit commun, les motifs de décider que le délai pour la constatation d'un fait de contravention sera le même que celui de la prescription de l'action.

Il résulte, en effet, des termes de l'article 640 du Code d'instruction criminelle que les contraventions de police peuvent être constatées pendant un an à partir du jour où elles auront été commises. Cette prescription d'un an étant la même que celle adoptée pour la prescription de l'action, le délai pour la constatation des contraventions à la police du roulage doit être de six mois puisque ces contraventions se prescrivent par six mois.

§ II.

Foi due aux procès-verbaux.

Les procès-verbaux par lesquels les faits de contravention peuvent être constatés font foi jusqu'à preuve contraire.

La législation antérieure avait omis de statuer sur ce point et, longtemps, une grande incertitude avait régné sur la foi qui était due à ces actes. Mais la Loi du 29 floréal an X, ainsi que les Décrets du 18 août 1810 et 16 décembre 1811, n'accordant pas aux fonctionnaires ayant le droit de verbaliser, la faculté d'être crus jusqu'à inscription de faux, ils ne pouvaient, en présence du principe posé par l'article 154 du Code d'instruction criminelle, être crus que jusqu'à preuve contraire.

Ce ne fut, toutefois, qu'en 1832 que la jurisprudence du Conseil d'Etat admit, pour la première fois, cette opinion. La question se trouve aujourd'hui définitivement tranchée par la nouvelle législation (art. 15).

§ III.

Affirmation et enregistrement des procès-verbaux.

Les procès-verbaux rédigés par les agents de la première catégorie, c'est-à-dire les Conducteurs, les Agents-voyers, Cantonniers-chefs et autres employés du service des ponts-et-chaussées ou des chemins vicinaux de grande communication, les Gendarmes, les Gardes-champêtres, les employés des contributions indirectes, des forêts, des douanes, des poids et mesures et des octrois, doivent être affirmés dans les *trois jours* de leur rédaction, à *peine de nullité*.

Ceux, au contraire, qui sont dressés par les autres fonctionnaires, c'est-à-dire les Maires, les Adjoints, les Commissaires et agents assermentés de police, les Ingénieurs des ponts-et-chaussées, les Officiers et sous-officiers de gendarmerie, sont dispensés de cette formalité (art. 18).

Dans l'ancienne législation, tous les fonctionnaires ou agents appelés à constater les contraventions à la police du roulage étaient tenus d'affirmer leurs procès-verbaux.

Mais la différence apportée par la loi nouvelle, dans cette formalité substantielle de ces actes, est justifiée par la position soit judiciaire, soit civile de ces fonctionnaires, dont les uns, tels que les Maires, les Adjoints, les Commissaires de police, les Officiers de gendarmerie, sont officiers de police judiciaire, aux termes de l'article 9 du Code d'instruction criminelle, et dont les autres, comme les Ingénieurs des ponts-et-chaussées, appartiennent à un degré élevé de la hiérarchie administrative. Tel est, certainement, le motif qui a guidé le législateur, motif qui apparaît plus évident encore en présence des termes de l'article 28 qui, par considération pour cette catégorie de fonctionnaires ou d'agents, ne leur attribue pas de part dans le produit des amendes prononcées pour les contraventions qu'ils ont constatées.

Les lois antérieures n'indiquaient ni le délai ni le lieu dans lesquels la formalité de l'affirmation devait être remplie. La jurisprudence du Conseil d'Etat avait limité ce délai à trois jours comme pour les contraventions de grande voirie, par suite de la ressemblance qui existe entre les contraventions de roulage et celles prévues par la loi du 16 brumaire an VII relative aux droits de péage sur les routes, par l'arrêté du 8 prairial an VIII sur la navigation intérieure et par le décret du 1.er germinal an XIII sur les contributions indirectes.

Ce délai de *trois jours* est formellement écrit dans la loi du 30 mai 1851 et il est même applicable aux procès-verbaux dressés par certains agents, les gardes-champêtres par exemple, auxquels la loi n'accorde cependant qu'un délai de vingt-quatre heures pour remplir cette formalité (Loi du 23 thermidor an IV.), quand ils constatent des contraventions d'une autre nature. Mais si l'affirmation doit avoir lieu, à *peine de nullité*, dans les trois jours de la rédaction, il n'est pas nécessaire, toutefois, qu'elle soit faite sous serment, ni qu'elle porte la mention que lecture de l'acte ait été donnée à l'agent qui l'a dressé. Il suffit que le contenu en soit certifié sincère et véritable par l'agent rédacteur; la jurisprudence administrative étant ici bien différente de la jurisprudence civile qui exige cette affirmation sous serment, ainsi que l'a jugé la Cour de cassation en matière de délits forestiers.

Pour faire cesser l'incertitude causée par les termes des Décrets des 18 août 1810 et 16 décembre 1811 sur le lieu où doit se faire l'affirmation des procès-verbaux, la loi nouvelle admet la jurisprudence qui avait prévalu au Conseil d'Etat et laisse à l'agent verbalisateur la faculté de remplir cette formalité, soit devant le juge-de-paix du canton, soit devant le maire de la commune du domicile de l'agent ou devant celui du lieu où la contravention aura été commise (art. 18).

Il est aussi une autre formalité exigée, à *peine de nullité*, pour la validité des procès-verbaux, c'est l'enregistrement en debet dans les *trois jours* de la date, soit de leur rédaction, soit de leur affirmation. Cette disposition est nouvelle; on ne la rencontre pas dans la législation antérieure qui était muette sur la nécessité de l'enregistrement, formalité que, du reste, la jurisprudence n'exigeait pas à peine de nullité (art. 19), mais qui est maintenant nécessaire pour donner à l'acte la date certaine à partir de laquelle doit, comme nous le verrons plus bas, courir, à peine de déchéance, le délai de notification.

Bien que la loi prononce formellement la nullité du procès-verbal qui ne serait pas revêtu des formes que nous venons d'indiquer, nous ne croyons pas, cependant, que cette annulation doive empêcher la contravention qui y est relatée, d'être reprimée par le Conseil de Préfecture.

Ainsi que nous l'avons déjà dit (page 50), la répression des contraventions en matière de roulage ne peut, pas plus qu'en matière de grande voirie, être subordonnée à l'existence du procès-verbal. L'acte annulé pour vice de forme doit, ce nous semble, valoir sinon comme procès-verbal devant être cru jusqu'à preuve contraire, du moins comme rapport, comme dénonciation, comme renseignement, et, si les faits se trouvent établis par l'aveu du contrevenant ou par l'instruction, ils doivent donner lieu à une condamnation.

La Cour de Cassation a, par un Arrêt du 15 octobre 1852, admis ce principe pour les procès-verbaux constatant celles des contraventions qui sont, en matière de roulage, de la compétence des tribunaux ordinaires, et nous ne voyons pas de motifs pour qu'il n'en soit pas de même en ce qui concerne les contraventions de la compétence des Conseils de Préfecture. Mais nous ferons remarquer, toutefois, que nous ne subordonnons à la validité des procès-verbaux que la répression des contraventions déniées par leurs auteurs et dont l'instruction n'établirait pas l'existence. Ces actes, en effet, faisant foi jusqu'à preuve contraire, ainsi que nous le verrons plus bas, apportent, s'ils sont réguliers, une présomption légale de l'existence du fait de cette contravention, et cette présomption suffit, si la preuve contraire n'est pas faite, pour motiver une condamnation. Au contraire, un procès-verbal annulé pour vice de forme n'existe plus, ne peut par lui-même produire aucun effet, la présomption légale ne s'attache plus à l'existence du fait qu'il relate et, dès lors, la décision à intervenir ne peut s'appuyer que sur l'instruction ou l'aveu du contrevenant lui-même.

Si la Loi du 30 mai 1851 exige, à peine de nullité, l'affirmation et l'enregistrement des procès-verbaux, elle ne demande pas que ces actes soient dressés sur timbre. Dans le silence de la loi, il n'appartient pas aux Conseils de Préfecture de prononcer, pour l'omission de cette formalité toute extérieure et qui ne touche pas à la substance même de l'acte, la nullité d'un procès-verbal dressé sur papier libre.

En vain s'appuyera-t-on, pour combattre l'opinion que nous émettons ici, sur les lois des 22 frimaire an VII et 25 mars 1817, car la loi du 25 mars 1817, si elle porte que les procès-verbaux des gendarmes doivent être visés pour timbre, quand ils constatent des contraventions aux règlements généraux de police, ne dit pas que ce soit à peine de nullité et, quant à la loi du 22 frimaire an VII, ce n'est pas d'une manière générale et absolue qu'elle prononce la nullité des actes non timbrés. Elle distingue, en effet, par son article 47, ceux qui intéressent les particuliers de ceux qui n'intéressent que l'ordre public, c'est-à-dire qui ont pour but la répression d'une contravention préjudiciable à l'intérêt général, car ce but ne serait pas atteint si, dans un intérêt fiscal beaucoup moins important que celui que veut défendre le législateur, les actes faits pour assurer la vindicte publique étaient annulés faute d'être faits sur timbre.

CHAPITRE DEUXIÈME.

§ I.er

Instruction des affaires.

Il ne suffit pas que les contraventions soient constatées dans les formes et dans les délais que nous venons d'indiquer pour qu'elles puissent motiver une condamnation ; il faut encore, dans l'intérêt légitime de la défense et pour ne pas condamner les contrevenants sans qu'ils aient été entendus dans les moyens qu'ils peuvent avoir à invoquer, qu'ils soient mis en demeure de les produire. La loi veut donc que notification du procès-verbal, ainsi que de l'affirmation, quand elle est exigée, c'est-à-dire quand l'acte est dressé par certains agents que nous avons déjà fait connaître, soit faite au contrevenant, avec invitation de produire sa défense dans un délai déterminé. Ce délai est fixé à *trente jours*, à partir de la date de la notification faite au domicile du propriétaire de la voiture, tel qu'il est indiqué sur la plaque ou tel qu'il a été indiqué lors de la constatation de la contravention. (Art. 23.)

Cette notification, qui a lieu par voie administrative, c'est-à-dire par le Maire de la commune où le propriétaire de la voiture est domicilié, doit être faite, *à peine de déchéance*, dans *le mois de l'enregistrement* et constatée par un récépissé que le Maire doit exiger du contrevenant. Ce délai d'un mois peut être porté à *deux* quand le contrevenant n'est pas domicilié dans le département où la contravention a été commise, et à *un an* quand son domicile est inconnu.

Ces formalités n'étaient pas prescrites par l'ancienne législation en matière de police de roulage ; saisis directement par la remise des procès-verbaux, les Conseils de Préfecture prenaient le plus souvent, sans que le contrevenant eût été mis en demeure de fournir ses moyens de défense, des arrêtés, par défaut, il est vrai, mais parfaitement réguliers en la forme. Cette obligation de notification dans un certain délai, à peine de déchéance, est donc une disposition fort sage dont l'effet sera de donner plus de garanties aux justiciables et d'assurer en même temps qu'on assurera une répression plus prompte.

Ces premiers actes d'instruction doivent nécessairement éprouver des modifications quand le contrevenant n'est pas domicilié en France ou que la voiture est dépourvue de plaque et que le propriétaire n'est pas connu; car il serait souvent bien difficile d'arriver à réprimer la contravention, si l'on était encore, dans ces différents cas, obligé de suivre les formalités ordinaires. Pour obvier à cet inconvénient, la voiture est provisoirement retenue et le procès-verbal immédiatement porté à la connaissance du Maire de la commune sur le territoire de laquelle il a été dressé, ou encore de la commune la plus rapprochée sur la route que suit le prévenu. Ce magistrat est alors chargé par la loi d'un acte d'exécution qui n'est que provisoire; il arbitre le montant de l'amende et, s'il y a lieu, les frais de réparation, et en ordonne la consignation immédiate entre ses mains, à moins qu'on ne lui présente une caution solvable. A défaut de consignation de la somme fixée, ou de caution, la voiture est retenue jusqu'à ce que le Conseil de Préfecture ait statué; tous les frais qui pourraient résulter de ces mesures restent à la charge du contrevenant, qui est tenu d'élire domicile dans le département du lieu où la contravention a été constatée, sinon la notification du procès-verbal lui serait valablement faite au secrétariat de la commune dont le Maire aurait arbitré l'amende ou les frais de réparation. (Art. 20.)

Le prévenu n'a que *trente jours* pour présenter ses défenses. Ces trente jours courent à partir de la notification du procès-verbal, et, ce délai expiré, le Conseil de Préfecture prononce sans attendre que les moyens de défense soient produits, mais cet arrêté n'est alors que par défaut. (Art. 24.)

La notification de la décision intervenue est faite, par voie administrative, *dix jours* au moins avant toute exécution, au domicile du contrevenant, si l'arrêté est contradictoire, et à celui accusé sur la plaque, si l'arrêté est par défaut. (Art. 24.)

---

§ II.

Opposition aux arrêtés par défaut et recours contre les arrêtés définitifs.

Le délai de l'opposition aux arrêtés du Conseil de Préfecture rendus, par défaut, en matière de contravention à la police du roulage, avait, par l'Ordonnance réglementaire du 9 juillet 1823, été fixé à trois mois, à partir de la signification.

La loi du 30 mai 1851 apporte à ce délai une modification importante. Dans l'intérêt de la rapidité des formes de la justice administrative, elle le réduit à *quarante jours.* (Art. 24.)

Quant aux arrêtés contradictoires, la seule voie ouverte pour les faire réformer est le recours au Conseil d'Etat. Le délai dans lequel ce recours peut être formé est le même que celui fixé par le décret du 22 juillet 1806 ; il est donc de *trois mois*, et court, pour le contrevenant, du jour de la signification de l'arrêté attaqué et de la date même de l'arrêté quand il est formé au nom de l'Administration. (Art. 25.)

Cette différence dans le point de départ du délai du pourvoi, selon qu'il est formé par le contrevenant ou qu'il est fait au nom de l'Administration, tient à la position même des parties. Un particulier, en effet, n'a connaissance de l'arrêté du Conseil de Préfecture que lorsque cet arrêté lui est signifié : ce n'est donc qu'à partir de cette signification qu'il est implicitement mis en demeure de l'accepter tel qu'il est ou de se pourvoir contre lui. L'Administration, au contraire, qui n'a intérêt à former un recours que lorsque ses conclusions n'ont pas été accueillies, ne peut attendre cette sorte de mise en demeure de la part d'un prévenu, qui est loin d'avoir intérêt à cette signification, puisqu'elle n'aurait d'autre effet que de permettre de revenir sur une décision qui lui a été favorable. Il fallait donc, dans l'intérêt de la justice, qu'on ne laissât pas ainsi l'administration à la merci d'un contrevenant ; mais il fallait aussi la forcer à se prononcer dans un certain délai. On a posé pour point de départ de ce délai la date même de l'arrêté, parce que l'on a supposé, avec raison, que le Préfet, par sa qualité et sa position, peut en avoir dès ce jour une connaissance complète ou suffisante pour faire courir les délais du pourvoi.

Il n'est pas nécessaire, comme pour les matières ordinaires, que ce pourvoi soit remis au secrétariat du Conseil d'Etat, par le ministère d'un avocat au Conseil, il suffit que, sous forme de simple mémoire, il soit déposé au secrétariat général de la Préfecture, ou même à celui de la Sous-préfecture, et pour que l'accomplissement de cette formalité soit complètement certifiée, le déposant reçoit un récépissé de son mémoire, qui est immédiatement transmis au Conseil d'Etat. (Art. 25.)

Si le décret du 22 juillet 1806, art. 3, décide formellement que le recours au Conseil d'Etat, pour les arrêtés contradictoires, n'aura pas d'effet suspensif, à moins qu'il n'en soit autrement ordonné, il n'en est pas de même pour l'opposition aux arrêtés par défaut. La loi est muette sur la question de savoir si cette opposition doit produire le même effet. La solution ne nous semble cependant pas douteuse et l'affirmative doit être résolue par le même motif que celui qui l'a fait décider pour le recours au Conseil d'Etat. Il est, en effet, pour les matières administratives une présomption légale qu'elles exigent urgence et célérité, et cette présomption se change en certitude pour les affaires dont nous nous occupons et dans lesquelles la condamnation doit être regardée comme la réparation d'un dommage portant atteinte à la sécurité publique.

Contrairement donc à ce qui se pratique dans les matières civiles où l'exécution provisoire des jugements n'est que l'exception, cette exécution deviendra la règle en matière de police de roulage, et l'opposition aux arrêtés par défaut, ainsi que le recours au Conseil d'Etat contre les arrêtés contradictoires, seront non-suspensifs d'exécution.

---

§ III.

Prescription de l'action et de la peine.

La législation était muette, avant la loi du 30 mai, sur la prescription de l'action ainsi que sur celle de la peine, et, dans ce silence de la loi, d'érudits jurisconsultes avaient émis l'opinion que les règles du droit commun, formulées par les articles 639 et 640 du Code d'instruction criminelle, devaient être suivies; que, dès-lors, il y avait à distinguer les contraventions punies d'une amende supérieure à 15 fr. de celles punies d'une amende inférieure; que les premières devaient être assimilées aux délits correctionnels, les secondes aux simples contraventions de police, et que, par suite, l'action et la peine devaient se prescrire, pour les unes par trois et cinq ans, pour les autres par un et deux ans. Mais la jurisprudence du Conseil d'Etat n'avait pas admis cette distinction, et quelle que fût la quotité de l'amende, elle fixait à un an la prescription de l'action, et à deux ans celle de l'amende prononcée.

La loi nouvelle fait cesser toute incertitude et décide que l'action sera prescrite par *six mois*, à compter de la date du dernier acte de poursuite, à moins de fausses indications sur la plaque ou de fausse déclaration en cas d'absence de plaque (Art. 26). Mais en ce cas, quel sera le délai? La loi du 30 mai oublie de le préciser. Nous n'hésitons pas à adopter celui d'un an admis déjà par la jurisprudence, ce délai nous paraissant suffisant pour arriver à connaître le véritable contrevenant. Remarquons toutefois que tout ce que nous venons de dire pour le cas où le domicile du contrevenant est inconnu ne peut s'appliquer aux contraventions qui consistent dans un dommage causé aux routes ou à leurs dépendances, car une semblable contravention a un caractère de permanence qui semble produire, sans interruption, un fait qui constitue une contravention. L'action répressive naît donc aussi à chaque instant, et, tant que le fait existe, elle ne peut se prescrire.

Quant aux amendes, la loi du 30 mai décide qu'elles se prescriront par *une année*, à compter de la date de l'arrêté du Conseil de Préfecture, ou de la décision du Conseil d'Etat, si le pourvoi a eu lieu, et, en cas de fausses indications sur la plaque ou de fausse déclaration de nom ou de domicile, ce délai d'un an sera porté à *cinq années* (Art. 27). Mais cette prescription ne pourra, du reste, s'appliquer qu'aux amendes prononcées par des arrêtés par défaut devenus définitifs, car les arrêtés contradictoires supposent nécessairement la connaissance du domicile du contrevenant.

---

§ IV.

Compétence.

Les Conseils de Préfecture ont, en matière de police de roulage, une juridiction répressiv. qui fait de ces tribunaux administratifs, chargés spécialement de réprimer les atteintes portées aux choses du domaine pulic, de véritables tribunaux de police devant lesquels les règles ordinaires doivent être suivies pour la détermination de la juridiction. Aussi la loi sur la police du roulage fait-elle une juste application de ce principe, en décidant que les contraventions qu'elle tend à réprimer seront jugées par le Conseil de Préfecture du département où elles auront été constatées, et non par celui du domicile du contrevenant. (Art. 17.)

TROISIÈME PARTIE.

PÉNALITÉ.

Les amendes portées par les règlements antérieurs pour réprimer les contraventions à la police du roulage, celles relatives aux excès de chargement exceptées, consistant en une somme fixe, ne variaient pas entre un minimum et un maximum et ne permettaient pas, dès lors, au tribunal administratif, de tenir compte, dans l'application de la peine, des circonstances qui pouvaient militer en faveur des contrevenants. Le fait matériel une fois constaté, le juge devait appliquer la peine, quelque disproportionnée qu'elle pût paraître avec l'importance de la contravention. La loi nouvelle apporte à cette rigueur une modification reconnue depuis longtemps nécessaire ; elle fixe un minimum de *cinq francs* et un maximum de *trente francs*, pour les amendes dont elle punit les contraventions de la compétence du tribunal administratif, assurant ainsi une plus équitable répression de ces délits.

Toutes les contraventions de la compétence du Conseil de Préfecture, moins celle qui naît du dommage causé à une route ou à ses dépendances, sont punies de l'amende dont nous venons de faire connaître le chiffre (art 4). Pour la contravention qui naît d'un dommage matériel constaté, l'amende, outre les frais de réparation, s'il y a lieu, peut varier, suivant la gravité des cas, entre *trois* et *cinquante francs* (art. 9).

Cette réparation ne peut pas consister dans la reconstruction de ce qui a été détruit, reconstruction qu'on laisserait exécuter par le contrevenant. La loi veut formellement qu'elle consiste dans le paiement d'une somme d'argent fixée par le Conseil de Préfecture, sur le rapport des agents chargés d'évaluer le dommage et qui, lorsqu'il y a urgence pour la sûreté publique, peuvent même faire procéder à cette réparation, avant toute condamnation. Le but de cette disposition nouvelle étant d'assurer une meilleure exécution des travaux en ne les laissant s'opérer que par l'initiative et sous la direction immédiate d'agents dont les études et les fonctions spéciales offrent toutes garanties.

Indépendamment des amendes variables, entre trois et cinquante francs pour dommages causés aux routes ou à leurs dépendances, et entre cinq et trente francs pour toutes les autres contraventions de la compétence de la juridiction administrative, la loi du 30 mai en établit une troisième catégorie, dont le chiffre plus important varie entre seize et cent francs, contre tout conducteur qui, sommé de s'arrêter par l'un des fonctionnaires ou agents chargés de constater les contraventions, refuserait d'obtempérer à cette sommation et de se soumettre aux vérifications prescrites (art 10).

Le rapporteur de la loi du 30 mai avait demandé que l'application de cette pénalité fût attribuée aux tribunaux ordinaires, à l'exclusion des tribunaux administratifs, et le deuxième paragraphe de l'article 17 a fait droit à cette demande. Nous regrettons qu'il en soit ainsi. Car cette contravention, qui consiste à se refuser à laisser constater une autre contravention, n'est évidemment que l'accessoire de celle-ci et le tribunal qui connaît du fait principal doit connaître aussi d'un fait accessoire qui ne constitue réellement pas une contravention nouvelle, mais une aggravation des circonstances dans lesquelles se présente la première contravention. Mais, dira-t-on, y a-t-il bien une première contravention, puisque le refus du conducteur de se soumettre à une vérification n'a pas permis de la constater, et, dès lors, si elle n'existe pas, comment peut-on considérer ce refus comme une contravention nouvelle accessoire d'une contravention qui n'existe pas ?

Nous trouvons dans la jurisprudence du Conseil d'Etat(1)une réponse péremptoire, ce nous semble, à cette objection. Cette jurisprudence a toujours, et avec raison, considéré, alors que le poids des voitures était limité, le refus d'en laisser faire la vérification comme une présomption suffisante de surcharge devant constituer la contravention passible du maximum de l'amende. Il n'y a pas de raison pour qu'il n'en soit pas de même aujourd'hui pour les autres faits de contravention dont la connaissance est laissée au Conseil de Préfecture. Quelle qu'en soit l'espèce, le refus de se soumettre à la vérification établira une présomption suffisante pour faire considérer le fait comme existant et constituant dès lors une contravention pour laquelle ce refus de vérification sera une circonstance aggravante punie spécialement de la peine portée par l'article 10.

Il aurait donc été plus naturel de laisser l'application de cet article aussi bien aux tribunaux administratifs qu'aux tribunaux de police, selon que la contravention qu'il suppose nécessairement préexister aurait été de la compétence de l'une ou de l'autre de ces deux juridictions, sans

---

(1) Conseil d'Etat, 11 décembre 1848. (Coupey.)

établir, au sujet d'un même fait, deux actions distinctes qui n'auront pour résultat qu'une répression moins prompte et peut-être moins équitable. Ces considérations paraîtront d'autant plus raisonnables qu'il ne s'agit que d'une amende et que cette peine peut être compétemment prononcée aussi bien par le Conseil de Préfecture que par le tribunal de police.

Cependant, ce que nous venons de dire ne s'appliquerait pas au cas de violences ou d'outrages, ces faits étant, par leur nature, des délits bien distincts de la contravention au sujet de laquelle ils peuvent naître et constituant des délits contre les personnes, qui tombent sous l'application des dispositions du Livre III, titre I, chap. III section 4 du Code pénal. Le Conseil de Préfecture ne pourrait se substituer au tribunal chargé spécialement d'en connaître (art. 11), tandis que, nous le répétons, le simple refus, sans violences ni outrages, n'est pas en réalité une contravention indépendante de la première ; elle n'en est qu'une circonstance aggravante, punie de peines qui ne sont pas supérieures à celles qui limiteraient la compétence du Conseil de Préfecture.

En matière de police de roulage, comme en matière de police de la grande voirie dont la police du roulage n'est qu'un démembrement, les amendes n'ont pas un caractère exclusivement pénal. Elles participent trop de la nature des dommages-intérêts pour que les mêmes règles ne leur soient pas applicables et que, dès lors, le propriétaire d'une voiture ne soit pas responsable des amendes, dommages-intérêts, frais de réparation prononcés contre les personnes préposées par lui à la conduite de cette voiture. La loi du 30 mai 1851 a donc sagement posé ce principe en étendant la responsabilité, même à celui qui aurait préposé le conducteur, alors même qu'il ne serait pas propriétaire de la voiture (art. 13).

La loi nouvelle n'admet, en ce qui concerne les contraventions de la compétence du Conseil de Préfecture, qu'une seule peine, l'amende, et, par là, défend implicitement, sauf le cas où la voiture appartient à un étranger non domicilié en France (art. 20), que cette voiture soit provisoirement retenue. Il suit de là qu'un voiturier, contre lequel un procès-verbal aura été dressé, peut être, de très-bonne foi, dans l'impossibilité physique de faire cesser la cause de la première contravention et obligé de continuer sa route sans cesser d'être sous le coup d'une nouvelle constatation, s'il est rencontré par un autre agent chargé de la police des routes. En ce cas, deux contraventions auront-elles été commises et le contrevenant sera-t-il passible de deux condamnations ?

La loi n'a pas voulu qu'il en fût ainsi. Dans sa sage prévoyance, elle a stipulé que lorsqu'une contravention aura été constatée à plusieurs reprises, il ne sera prononcé qu'une seule condamnation, pourvu qu'il ne se soit pas écoulé plus de vingt-quatre heures entre la première et la dernière constatation (art. 12). Si, au contraire, il a été dressé plusieurs procès-verbaux pour le même fait, à plus de vingt-quatre heures d'intervalle, il y aura lieu de prononcer autant de condamnations que de contraventions constatées.

Il est cependant, croyons-nous, dans l'application de cet article 12, des distinctions à faire, distinctions auxquelles la loi ne semble pas avoir pris garde. Parmi les contraventions, les unes offrent un caractère matériel, tangible, permanent; ainsi, par exemple, lorsqu'il s'agit des prescriptions relatives à l'état matériel des voitures, telles que celles qui ont pour objet la longueur des essieux, la forme des clous des bandes, la largeur du chargement, etc. Les autres, au contraire, consistant dans une action intentionnelle, n'ont qu'un caractère fugitif et temporaire et s'évanouissent quand l'action cesse, ainsi les contraventions aux mesures prescrites pour le passage des ponts suspendus.

Les premières nous semblent devoir jouir toutes du bénéfice accordé par la loi nouvelle, car elles proviennent d'un état matériel qu'il faut un certain temps pour faire cesser. Les secondes, au contraire, dues à une action purement intentionnelle doivent, dès lors, si elles se représentent, être attribuées à la mauvaise volonté seule du contrevenant et, par suite, tomber sous le coup d'une condamnation, chaque fois qu'elles se représentent, sans qu'on puisse avoir égard à l'intervalle qui les sépare. Telle est l'interprétation que nous n'hésitons pas à donner à l'article 12.

Une autre question délicate se présente encore au sujet du même article.

Aux termes de l'article 17, le Conseil de Préfecture du département, sur le territoire duquel le procès-verbal a été dressé, est seul compétent pour en connaître. Qu'arrivera-t-il donc si, ce qui peut souvent se présenter, une même contravention a, dans une même journée, été constatée dans deux départements différents ?

Nous n'hésitons pas non plus à nous prononcer pour la double condamnation, alors même qu'il s'agirait d'une de ces contraventions auxquelles nous accordons ce caractère de permanence et de matérialité qui pourrait leur servir d'excuse. La loi, en effet, a voulu que la juridiction fût déterminée par le lieu de la contravention et non par celui du domicile du contrevenant, et comme il n'a plus été fixé de peines pour le cas de récidive, ces juridictions, indépendantes les unes des autres, n'ont pas à s'inquiéter de ce qui s'est passé devant chacune d'elles.

Mais si, par le fait de deux arrêtés pris par deux Conseils de Préfecture différents, l'article 12 était violé, le Conseil d'Etat, dont le pouvoir est souverain, pourrait seul, s'il était saisi, annuler celui des deux arrêtés qui aurait statué sur la deuxième contravention.

APPENDICE.

Loi sur la Police du Roulage et des Messageries publiques.

Des 12, 30 avril et 30 mai 1851.

TITRE PREMIER.

Des conditions de la circulation des voitures.

ARTICLE 1.er

Les voitures suspendues ou non suspendues, servant au transport des personnes ou des marchandises, peuvent circuler sur les routes nationales, départementales et chemins vicinaux de grande communication, sans aucune condition de réglementation de poids ou de largeur de jantes.

ART. 2.

Des règlements d'administration publique déterminent :

§ 1.er. Pour toutes les voitures,

1.° La forme des moyeux, le maximum de la longueur des essieux et le maximum de leur saillie au-delà des moyeux ;

2.° La forme des bandes des roues ;

3.° La forme des clous des bandes ;

4.° Les conditions à observer pour l'emplacement et les dimensions de la plaque prescrite par l'article 3 ;

5.° Le maximum du nombre des chevaux de l'attelage que peut comporter la police ou la libre circulation des routes ;

6.° Les mesures à prendre pour régler momentanément la circulation pendant les jours de dégel, et les précautions à prendre pour la protection des ponts suspendus.

§ 2. Pour les voitures ne servant pas au transport des personnes:

1.° La largeur du chargement ;

2.° La saillie des colliers des chevaux ;

3.° Les modes d'enrayage ;

4.° Le nombre des voitures qui peuvent être réunies en un même convoi, l'intervalle qui doit rester libre d'un convoi à un autre, et le nombre de conducteurs exigé pour la conduite de chaque convoi ;

5.° Les autres mesures de police à observer par les conducteurs, notamment en ce qui concerne le stationnement sur les routes, et les règles à suivre pour éviter ou dépasser d'autres voitures.

Sont affranchies de toute réglementation de largeur de chargement les voitures de l'agriculture servant au transport des récoltes de la ferme aux champs et des champs à la ferme, ou au marché.

§ 3. Pour les voitures de messageries,

1.° Les conditions relatives à la solidité et à la stabilité des voitures ;

2.° Le mode de chargement, de conduite et d'enrayage des voitures ;

3.° Le nombre de personnes qu'elles peuvent porter ;

4.° La police des relais ;

5.° Les autres mesures de police à observer par les conducteurs, cochers ou postillons, notamment pour éviter ou dépasser d'autres voitures.

ART. 3.

Toute voiture circulant sur les routes nationales, départementales et chemins vicinaux de grande communication doit être munie d'une plaque conforme au modèle prescrit par le règlement d'administration publique rendu en vertu du N°. 4 du premier paragraphe de l'article 2.

Sont exceptées de cette disposition :

1.° Les voitures particulières destinées au transport des personnes, mais étrangères à un service public des messageries ;

2.° Les malles-postes et autres voitures appartenant à l'administration des postes ;

3.° Les voitures d'artillerie, chariots et fourgons appartenant aux départements de la guerre et de la marine ;

Des décrets du Président de la République déterminent les marques distinctives que doivent porter les voitures désignées aux paragraphes 2 et 3, et les titres dont leurs conducteurs doivent être munis ;

4.° Les voitures employées à la culture des terres, au transport des récoltes, à l'exploitation des fermes, qui se rendent de la ferme aux champs ou des champs à la ferme, ou qui servent au transport des objets récoltés, du lieu où ils ont été recueillis jusqu'à celui où, pour les conserver ou les manipuler, le cultivateur les dépose ou les rassemble.

TITRE II.

De la pénalité.

ART. 4.

Toute contravention aux règlements rendus en exécution des dispositions des numéros 1, 2, 3, 5 et 6 du premier paragraphe de l'article 2, et des numéros 1, 2 et 3 du deuxième paragraphe du même article, est puni d'une amende de cinq à trente francs.

Art. 5.

Toute contravention aux règlements rendus en exécution des dispositions des numéros 4 et 5 du deuxième paragraphe de l'article 2 est punie d'une amende de six à dix francs et d'un emprisonnement de un à trois jours. En cas de récidive, l'amende pourra être portée à quinze francs et l'emprisonnement à cinq jours.

Art. 6.

Toute contravention aux règlements rendus en vertu du troisième paragraphe de l'article 2 est punie d'une amende de seize à deux cents francs et d'un emprisonnement de six à dix jours.

Art. 7.

Tout propriétaire d'une voiture circulant sur des voies publiques sans qu'elle soit munie de la plaque prescrite par l'article 3, et par les règlements rendus en exécution du numéro 4 du premier paragraphe de l'article 2, sera puni d'une amende de six à quinze francs, et le conducteur, d'une amende de un à cinq francs.

Art. 8.

Tout propriétaire ou conducteur de voiture qui aura fait usage d'une plaque portant un nom ou domicile faux ou supposé, sera puni d'une amende de cinquante à deux cents francs, et d'un emprisonnement de six jours au moins et de six mois au plus.

La même peine sera applicable à celui qui, conduisant une voiture dépourvue de plaque, aura déclaré un nom ou domicile autre que le sien ou que celui du propriétaire pour le compte duquel la voiture est conduite.

Art. 9.

Lorsque, par la faute, la négligence ou l'imprudence du conducteur, une voiture aura causé un dommage quelconque à une route ou à ses dépendances, le conducteur sera condamné à une amende de trois à cinquante francs.

Il sera, de plus, condamné aux frais de la réparation.

Art. 10.

Sera puni d'une amende de seize à cent francs, indépendamment de celle qu'il pourrait avoir encourue pour toute autre cause, tout voiturier ou conducteur qui, sommé de s'arrêter par l'un des fonctionnaires ou agents chargés de constater les contraventions, refuserait d'obtempérer à cette sommation et de se soumettre aux vérifications prescrites.

Art. 11.

Les dispositions du livre III, titre I.er, chapitre III, section 4, paragraphe 2 du Code pénal, sont applicables en cas d'outrages ou de violences envers les fonctionnaires ou agents chargés de constater les délits ou contraventions prévus par la présente loi.

Art. 12.

Lorsqu'une même contravention ou un même délit prévu aux articles 4, 7 et 8 a été constaté à plusieurs reprises, il n'est prononcé qu'une seule condamnation, pourvu qu'il ne se soit pas écoulé plus de vingt-quatre heures entre la première et la dernière constatation.

Lorsqu'une même contravention ou un même délit prévu à l'article 6 a été constaté à plusieurs reprises pendant le parcours d'un même relais, il n'est prononcé qu'une seule condamnation.

Sauf les exceptions mentionnées au présent article, lorsqu'il aura été dressé plusieurs procès-verbaux de contravention, il sera prononcé autant de condamnations qu'il y aura eu de contraventions constatées.

Art. 13.

Tout propriétaire de voiture est responsable des amendes, des dommages-intérêts et des frais de réparation prononcés, en vertu des articles du présent titre, contre toute personne préposée par lui à la conduite de sa voiture.

Si la voiture n'a pas été conduite par ordre et pour le compte du propriétaire, la responsabilité est encourue par celui qui a préposé le conducteur.

Art. 14.

Les dispositions de l'article 463 du Code pénal sont applicables, dans tous les cas où les tribunaux correctionnels ou de simple police prononcent en vertu de la présente loi.

TITRE III.

De la procédure.

Art. 15.

Sont spécialement chargés de constater les contraventions et délits prévus par la présente loi, les conducteurs, agents-voyers, cantonniers-chefs et autres employés du service des ponts-et-chaussées ou des chemins vicinaux de grande communication, commissionnés à cet effet; les gendarmes, les gardes-champêtres, les employés des contributions indirectes, agents-forestiers ou des douanes, employés des poids et mesures ayant droit de verbaliser, et les employés des octrois ayant le même droit.

Peuvent également constater les contraventions et les délits prévus par la présente loi, les maires et adjoints, les commissaires et agents assermentés de police, les ingénieurs des ponts-et-chaussées, les officiers et sous-officiers de gendarmerie, et toute personne commissionnée par l'autorité départementale pour la surveillance de l'entretien des voies de communication.

Les dommages prévus à l'article 9 sont constatés, pour les routes nationales et départementales, par les ingénieurs, conducteurs et autres employés des ponts-et-chaussées commissionnés à cet effet, et pour les chemins vicinaux de grande communication, par les agents-voyers, sans préjudice du droit réservé à tous les fonctionnaires et agents mentionnés au présent article de dresser procès-verbal du fait de dégradation qui aurait lieu en leur présence.

Les procès-verbaux dressés en vertu du présent article font foi jusqu'à preuve contraire.

Art. 16.

Les contraventions prévues par les articles 4 et 6 ne peuvent, en ce qui concerne les voitures publiques allant au trot, être constatées qu'au lieu de départ, d'arrivée, de relais et de station desdites voitures, ou aux barrières d'octroi, sauf toutefois celles qui concernent le nombre de voyageurs, le mode de conduite des voitures, la police des conducteurs, cochers ou postillons, et les modes d'enrayage.

Art. 17.

Les contraventions prévues par les articles 4 et 9 sont jugées par le conseil de préfecture du département où le procès-verbal a été dressé.

Tous les autres délits et contraventions prévus par la présente loi sont de la compétence des tribunaux.

Art. 18.

Les procès-verbaux rédigés par les agents mentionnés au paragraphe premier de l'article 15 ci-dessus doivent être affirmés dans les trois jours, à peine de nullité, devant le juge-de-paix du canton ou devant le maire de la commune, soit du domicile de l'agent qui a verbalisé, soit du lieu où la contravention a été constatée.

ART. 19.

Les procès-verbaux doivent être enregistrés en debet, dans les trois jours de leur date ou de leur affirmation, à peine de nullité.

ART. 20.

Toutes les fois que le contrevenant n'est pas domicilié en France, la voiture est provisoirement retenue, et le procès-verbal est immédiatement porté à la connaissance du maire de la commune où il a été dressé, ou de la commune la plus proche sur la route que suit le prévenu.

Le maire arbitre provisoirement le montant de l'amende et, s'il y a lieu, des frais de réparation, et il en ordonne la consignation immédiate, à moins qu'il ne lui soit présenté une caution solvable.

A défaut de consignation ou de caution, la voiture est retenue jusqu'à ce qu'il ait été statué sur le procès-verbal. Les frais qui en résultent sont à la charge du propriétaire.

Le contrevenant est tenu d'élire domicile dans le département du lieu où la contravention a été constatée; à défaut d'élection de domicile, toute notification lui sera valablement faite au secrétariat de la commune dont le maire aura arbitré l'amende ou les frais de réparation.

ART. 21.

Lorsqu'une voiture est dépourvue de plaque, et que le propriétaire n'est pas connu, il est procédé conformément aux trois premiers paragraphes de l'article précédent.

Il en est de même dans le cas de procès-verbal dressé à raison de l'un des délits prévus à l'article 8.

Il sera procédé de la même manière à l'égard de tout conducteur de voiture de roulage ou de messageries, inconnu dans le lieu où il serait pris en contravention, et qui ne serait point régulièrement muni d'un passeport, d'un livret ou d'une feuille de route, à moins qu'il ne justifie que la voiture appartient à une entreprise de roulage ou de messageries, ou qu'il ne résulte des lettres de voiture ou des autres papiers qu'il aurait en sa possession, que la voiture appartient à celui dont le domicile serait indiqué sur la plaque.

ART. 22.

Le procès-verbal est adressé, dans les deux jours de l'enregistrement, au sous-préfet d'arrondissement.

Le sous-préfet le transmet, dans les deux jours de sa réception, au préfet, s'il s'agit d'une contravention de la compétence des conseils de préfecture ; au procureur de la République, s'il s'agit d'une contravention de la compétence des tribunaux.

ART. 23

S'il s'agit d'une contravention de la compétence du conseil de préfecture, copie du procès-verbal ainsi que de l'affirmation, quand elle est prescrite, est notifiée avec citation, par la voie administrative, au domicile du propriétaire, tel qu'il est indiqué sur la plaque, ou tel qu'il a été déclaré par le contrevenant, et, quand il y a lieu, à celui du conducteur.

Cette notification a lieu dans le mois de l'enregistrement, à peine de déchéance

Le délai est étendu à deux mois lorsque le contrevenant n'est pas domicilié dans le département où la contravention a été constatée ; il est étendu à un an lorsque le domicile du contrevenant n'a pas pu être constaté au moment du procès-verbal.

Si le domicile du conducteur est resté inconnu, toute notification qui lui est faite au domicile du propriétaire est valable.

ART. 24.

Le prévenu est tenu de produire, dans le délai de trente jours, ses moyens de défense devant le conseil de préfecture.

Ce délai court à compter de la date de la notification du procès-verbal ; mention en est faite dans ladite notification.

A l'expiration du délai fixé, le conseil de préfecture prononce, lors même que les moyens de défense n'auraient pas été produits.

Son arrêté est notifié au contrevenant dans la forme administrative, dix jours au moins avant toute exécution. Si la condamnation a été prononcée par défaut, la notification faite au domicile énoncé sur la plaque est valable.

L'opposition à l'arrêté rendu par défaut devra être formée dans le délai de quarante jours, à compter de la date de la notification.

ART. 25.

Le recours au conseil d'État contre l'arrêté du conseil de préfecture peut avoir lieu par simple mémoire déposé au secrétariat général de la préfecture ou à la sous-préfecture, et sans l'intervention d'un avocat au conseil d'État.

Il sera délivré au déposant récépissé du mémoire, qui devra être immédiatement transmis par le préfet.

Si le recours est formé au nom de l'Administration, il devra l'être dans les trois mois de la date de l'arrêté.

ART. 26.

L'instance, à raison des contraventions de la compétence des conseils de préfecture, est périmée par six mois, à compter de la date du dernier acte des poursuites, et l'action publique est éteinte, à moins de fausses indications sur la plaque, ou de fausse déclaration en cas d'absence de plaque.

Art. 27.

Les amendes se prescrivent par une année, à compter de la date de l'arrêté du conseil de préfecture, ou à compter de la décision du conseil d'Etat, si le pourvoi a eu lieu.

En cas de fausses indications sur la plaque ou de fausses déclarations de nom ou de domicile, la prescription n'est acquise qu'après cinq années.

Art. 28.

Lorsque le procès-verbal constatant le délit où la contravention a été dressé par l'un des agents désignés au paragraphe 1.er de l'article 15, le tiers de l'amende prononcée appartient audit agent, à moins qu'il ne s'agisse d'une contravention ou d'un délit prévu aux articles 10 et 11.

Les deux autres tiers sont attribués soit au Trésor public, soit au département, soit aux communes intéressées, selon que la contravention ou le dommage concerne une route nationale, une route départementale ou un chemin vicinal de grande communication. Il en est de même du total des frais de réparation réglés en vertu de l'article 9, ainsi que du total de l'amende, lorsqu'il n'y a pas lieu d'appliquer les dispositions du paragraphe 1.er du présent article.

TITRE IV.

Art. 29.

Sont et demeurent abrogés, à dater de la promulgation de la présente loi :

La loi du 29 floréal an X (19 mai 1802) relative à la police du roulage ;

La loi du 7 ventôse an XII (27 février 1804) ;

Le décret du 23 juin 1806.

Ainsi que toutes autres dispositions contraires à celles de la présente loi.

Continueront d'être exécutées, jusqu'à la promulgation des règlements d'administration publique à établir en vertu de l'article 2, celles des dispositions aujourd'hui en vigueur que ces règlements d'administration publique ont pour objet de modifier ou de remplacer. Toutefois, en ce qui concerne les juridictions et la pénalité, les dispositions de la présente loi seront immédiatement applicables.

TITRE V.

Art. 30.

Amnistie est accordée pour les peines encourues ou prononcées à raison de surchage ou de défaut de largeur des jantes.

Cette amnistie n'est point applicable aux frais avancés par l'Etat, ni à la part attribuée par les lois et règlements, sur le montant des amendes prononcées, aux divers agents qui ont constaté les contraventions.

Les sommes recouvrées avant la promulgation de la présente loi en vertu des décisions des conseils de préfecture, ne seront pas restituées.

TABLE.

PREMIÈRE PARTIE.

CONDITIONS GÉNÉRALES DE LA CIRCULATION DES VOITURES.

DEUXIÈME PARTIE.

PROCÉDURE.

TROISIÈME PARTIE.

PÉNALITÉ.

APPENDICE.

www.ingramcontent.com/pod-product-compliance
Lightning Source LLC
LaVergne TN
LVHW020418230826
846091LV00004B/1318
9782016130285